Modelages en pâte à sucre pour gâteaux

Nathalie QUIQUEMPOIS

Créa passions .com

dans la même collection

Creapassions.com
the place to be!

■ recevez gratuitement notre astuce du jour ■ suivez l'actualité de nos ouvrages

■ retrouvez toutes nos collections

Éditrice : Emmanuelle PROT

Tél. : 06 14 19 44 21 / Email : eprot@creapassions.com

Maquette :

Direction artistique : Céline Javouray

Réalisation : Vitrac & Son Prepress

www.vitracandson-prepress.com

Vitrac & Son Publishing Ltd

1A Pope Street - London SE1 3PR - United Kingdom

www.vitracandson.co.uk

La pâte à sucre au service de votre fantaisie culinaire

La pâte à sucre au service de votre fantaisie culinaire !

Vous souvenez-vous des petites friandises que vous croquiez, enfant, au moment de Noël ou de Pâques ? Sabots, cloches, petit Jésus roses, blancs ou bleus... ces douceurs étaient en pâte à sucre, mais vous ne le saviez pas !

Aujourd'hui, le « cake design » a traversé l'Atlantique pour venir mettre de la gaité dans nos cuisines, et la pâte à sucre se prête à la couverture de gâteaux spectaculaires et colorés tout comme aux petits personnages ou animaux que vous pouvez modeler pour les agrémenter !

Avec ce livre, plus aucun anniversaire ne restera ordinaire, et vous verrez les étoiles illuminer les yeux des enfants à qui vous apporterez, au moment de souffler les bougies, ces merveilles confectionnées de vos mains !

Les gâteaux de mariage et de baptême prendront ce côté spectaculaire et ce caractère unique grâce à la figurine à croquer que vous aurez pris soin d'y poser. Vos invités ne tariront pas d'éloges sur vos talents de cordon bleu et d'artiste !

Laissez votre imagination prendre les rênes de votre créativité, saisissez toutes les occasions de faire plaisir à votre entourage, vous ferez des heureux, et votre fierté n'aura d'égal que le bonheur que vous aurez offert.

Sommaire

La pâte à sucre

La pâte à sucre est une pâte comestible le plus souvent réalisée à base de glucose, d'eau et de sucre glace, il existe de nombreuses recettes qui varient selon les pays où elle est utilisée. On l'appelle aussi « fondant ».

Les Américains utilisent beaucoup la pâte à sucre pour décorer leurs gâteaux, c'est d'ailleurs de chez eux que vient la mode du « cake design », l'art des gâteaux spectaculaires et très colorés ou au contraire chics et sobres, mais ils sont talonnés de près par les Anglais.

Voici une recette assez basique, qui vous permettra de recouvrir des gâteaux et de réaliser des décors découpés. Attention, cette préparation sera trop souple pour vous permettre de réussir de jolis modelages, car elle s'affaissera inévitablement.

Recette de la pâte à sucre

Ingrédients :
500 g de sucre glace
1 blanc d'œuf
2 CS de glucose liquide

Matériel :
Un saladier
Une fourchette
Une cuillère à soupe
Un tamis
Un verre d'eau bouillante

Mettez la cuillère dans le verre d'eau bouillante, afin qu'elle soit très chaude, elle vous permettra de prélever le sirop de glucose qui est très collant.
Placez le blanc d'œuf dans le saladier, battez-le à la fourchette, incorporez le sirop de glucose et mélangez bien en continuant de battre. Ajoutez ensuite petit à petit le sucre glace tamisé en mélangeant régulièrement jusqu'à ce que le mélange devienne épais et compact.
Versez-le sur le plan de travail saupoudré de sucre glace, continuez à incorporer tout en pétrissant, jusqu'à obtenir une boule qui ne s'affaisse pas. Elle doit rester souple et ne pas craqueler.
Ajoutez un peu de Crisco si besoin (*voir page 9*).

à savoir

La pâte à sucre se travaille exactement de la même façon que la porcelaine froide, une pâte à modeler à base de colle et de fécule de maïs. Seule change la façon d'assembler les éléments, puisque vous ne pourrez pas utiliser de colle classique pour la pâte à sucre. Vous pouvez donc réaliser tous les modelages de ce livre en porcelaine froide.

Pâte mexicaine et cmc

La pâte mexicaine

C'est une pâte à sucre additionnée de gomme adragante et/ou de CMC, qui sont des composants végétaux ayant des propriétés gélifiantes, ce qui confère à cette pâte une plus grande élasticité, une meilleure tenue (elle ne s'affaisse pas), une moins grande friabilité. Voilà qui facilite grandement le travail de modelage.

Elle existe en blanc, chair, noir, et se colore dans la masse.

Le CMC ou carbo méthylcellulose

C'est une poudre blanche qui s'ajoute à la pâte à sucre. A base de cellulose modifiée, on la retrouve couramment dans l'industrie alimentaire, elle ne contrarie ni les régimes alimentaires particuliers, ni les convictions religieuses.

Elle permet de donner de la consistance à la pâte à sucre, et de la modeler plus facilement sans qu'elle s'affaisse.

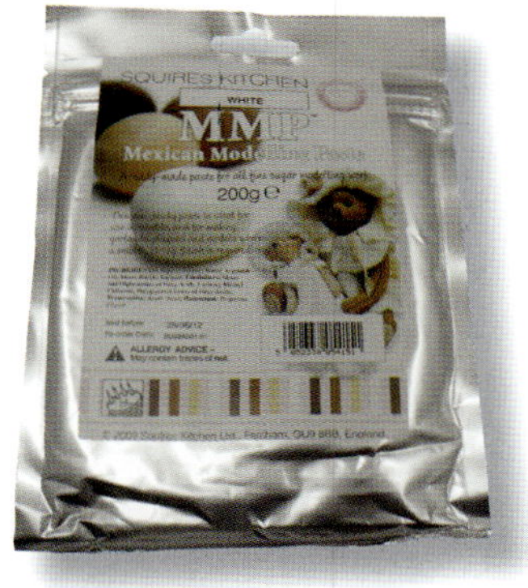

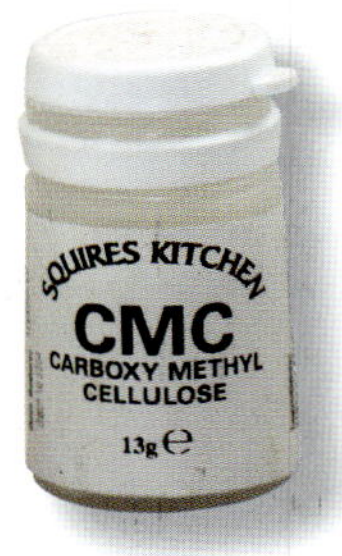

conseil

La pâte mexicaine est vraiment la pâte à sucre qui se prête le mieux aux modelages précis. La *gum paste* ou pâte à fleur peut convenir également.

Les colorants alimentaires

Le colorant en pâte ou gel

Très concentré, utilisez un cure-dent pour prélever la quantité nécessaire à mélanger à la pâte à sucre blanche. Il peut aussi être utilisé pour peindre des détails. Il se dilue au jus de citron ou à l'alcool blanc. Il vaut mieux en mettre très peu et en ajouter jusqu'à obtenir le coloris désiré, il s'intègre très rapidement au mélange. Pétrissez jusqu'à l'uniformité du ton.

Le colorant en poudre

Il s'utilise pour apporter des nuances aux modelages finis (pétales de fleurs, joues roses, plis dans les vêtements...). Il est beaucoup plus difficile à incorporer à la pâte à sucre, si vous choisissez ce type de colorant, diluez-le légèrement et intégrez-le à une petite quantité de pâte avant de l'ajouter au reste de la masse.

conseil

Achetez directement la pâte colorée en chair ou en noir, la première couleur est difficile à doser, la seconde impossible à obtenir en ajoutant du colorant !

Autres denrées utiles

La colle alimentaire
Mélange d'eau et de CMC, elle permet de fixer les éléments entre eux plus solidement que si vous utilisez simplement de l'eau. Appliquez-la au pinceau.

Le crisco
Matière grasse végétale qui peut se comparer à la végétaline, le crisco est utile pour lisser une aspérité dans la pâte, ou masquer un raccord. Utilisez-le aussi comme vernis.

Les feutres alimentaires
Alternative intéressante au pinceau si vous avez la main qui tremble, ils ont cependant une date de péremption assez rapprochée.

Les perles en sucre
On en trouve facilement au rayon pâtisserie des supermarchés, elles vous seront utiles pour faire les yeux, orner les robes ou le centre des fleurs.

astuce

Les mini perles en sucre blanches vous seront très utiles pour apporter la touche de vie dans le regard de vos personnages.

Le petit matériel utile

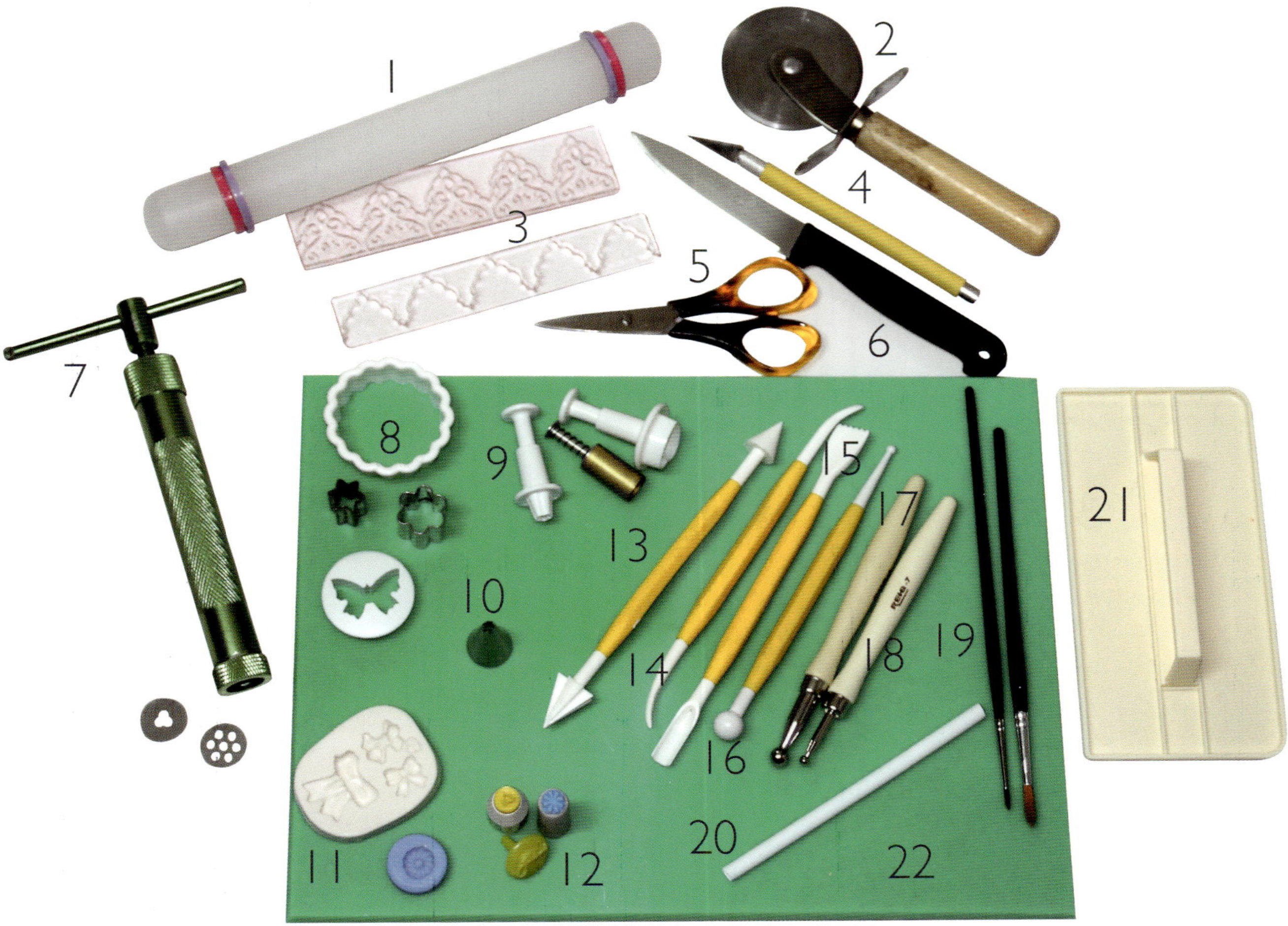

Voici une liste des principaux outils utilisés pour réaliser les modelages proposés dans les pages qui suivent. Vous pourrez facilement remplacer certains d'entre eux par du matériel que vous trouverez dans votre cuisine, ou détourner les accessoires pour pâte à modeler de vos enfants.

1. Rouleau antiadhésif
2. Roulette à découper
3. Découpoir à volant et empreinte
4. Scalpel
5. Ciseaux
6. Couteau
7. Seringue extrudeuse et embouts
8. Emporte-pièces simples
9. Emporte-pièces à piston
10. Douille cannelée
11. Moules en silicone
12. Empreintes
13. ébauchoir dentelé
14. Outil veineur courbe
15. Outil sourire et coquillage
16 - 17 - 18. Outils sphères
19. Pinceaux
20. Paille
21. Lisseuse
22. Plaque antiadhésive

Vous complèterez ce matériel au fur et à mesure de votre expérience, il existe sur les sites spécialisés dans le cake design une multitude d'accessoires que vous pourrez acquérir si vous voulez améliorer votre travail. (*Voir le carnet d'adresses page 94*).

A noter que tous les outils présentés peuvent également servir pour le modelage d'autres pâtes, pas forcément comestibles, mais il vous faudra alors les nettoyer parfaitement si vous les utilisez aussi pour la pâte à sucre.

Le chat fripon

Matériel et ingrédients

- Pâte à sucre mexicaine SK blanche, noire
- Colorant pâte SK rouge coquelicot, rose, vert menthe
- Colle alimentaire SK
- 2 mini perles en sucre blanches
- Spaghetti
- Cure-dent
- Outil sphère
- Couteau
- Chutes de polystyrène

1 - Mélangez du blanc et du noir pour obtenir du gris. Modelez un ovale de 3 cm, pincez et striez les côtés. Modelez un œuf de 6 cm.
Modelez un petit ovale pour le nez, marquez le milieu, ajoutez une petite boule rose pour la truffe.
Modelez 4 pattes fines et 4 coussinets blancs, marquez les doigts, pliez les pattes.
Modelez un boudin fin pour la queue, formez un point d'interrogation.

2 - Modelez 2 triangles gris et 2 petits triangles roses, superposez-les en les écrasant ensemble. Collez sur la tête.
Modelez 3 petites carottes striées pour les poils du dessus de la tête. Collez entre es oreilles.
Superposez des pastilles vertes et noires pour les yeux, collez les perles en sucre au centre, positionnez sur la tête et ajoutez deux boudins très fins pour les cils.

1

2

conseil

Retouchez les yeux avec du colorant au pinceau fin, ombrez à la poudre noire les plis des pattes, tracez des rayures dans la queue et les moustaches.

3 - Assemblez les pattes sur le corps, queue en l'air. Placez vos appuis comme illustré.
Plantez un spaghetti dans le corps pour coller la tête.

4 - Modelez une boulette rouge et un long boudin fin rouge, enroulez-le autour de la boulette pour former la pelote de laine.

5 - Positionnez la pelote entre les pattes du chat avec un peu de colle alimentaire.

3

4

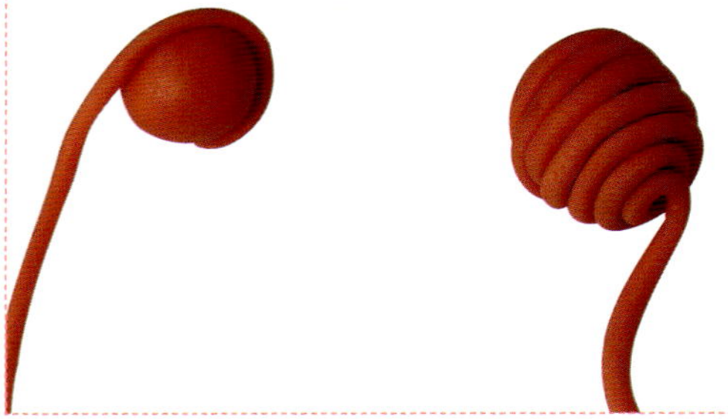

5

astuce

Utilisez des fibres coupées sur une brosse pour les moustaches, mais prévenez vos convives s'ils croquent votre modelage !

Le chien

Matériel et ingrédients

- Pâte à sucre mexicaine SK blanche, noire
- Colorant pâte SK terracotta, marronnier (beige), rose
- Outil sphère
- Outil veineur courbe
- Colle alimentaire SK
- Perles en sucre blanches
- Spaghetti

1 - Modelez une boule terracotta de 3 cm, creusez les yeux, insérez des boulettes marron. Modelez un museau beige en forme de poire, aplatissez la partie fine, séparez la partie large verticalement avec l'outil courbe. Collez une boulette noire pour la truffe.

2 - Assemblez la tête et le museau, collez la truffe et modelez deux poires aplaties pour les oreilles. Collez sur la tête en leur donnant un petit mouvement.

3 - À l'aide de l'outil courbe, remontez la pâte doucement autour de l'œil pour le fermer légèrement.

1

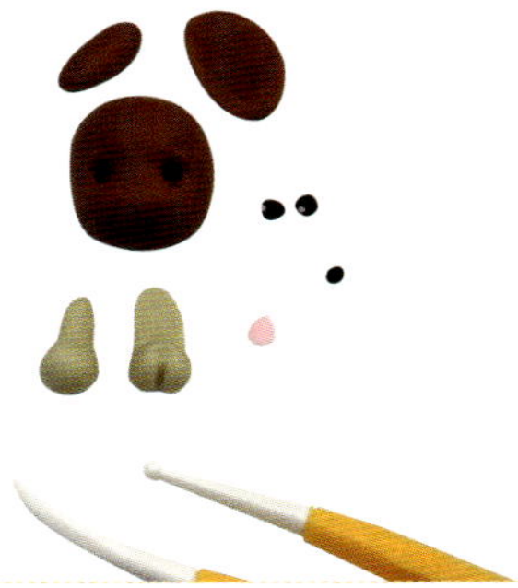

2

3

bonne idée

Collez une petite langue rose dans la bouche du chien pour plus de réalisme.

4 - Modelez une poire de 4 cm, 4 boudins pour les pattes, marquez les pieds avec l'outil courbe. Collez des coussinets sur les pattes arrière. Collez une poire beige aplatie sur le ventre, et modelez un petit boudin recourbé pour la queue.

5 - Assemblez les éléments du corps avec la colle alimentaire, placez la patte arrière en l'air. Plantez un morceau de spaghetti dans le corps.

6 - Plantez la tête du chien sur le corps, de façon à ce que la patte levée vienne contre l'oreille, pour qu'il se gratte.

4

5

6

conseil

Maintenez la patte collée contre l'oreille pendant le séchage, en intercalant un peu de fibre de rembourrage.

La vache

Matériel et ingrédients

- Pâte mexicaine SK blanche, noire
- Colorant pâte SK rose
- Colorant pâte SK jaune jonquille
- Colorant poudre SK rose
- Colle alimentaire SK
- Moule silicone fleur
- Spaghetti
- Outil sphère
- Outil coquillage
- Couteau
- Fibre de rembourrage

1 - Colorez un peu de pâte pour obtenir du rose pâle et du jaune ocre.
Modelez un boudin blanc de 6 × 3 cm pour le corps, modelez 4 boudins de 3 cm pour les pattes, et 4 boulettes fendues ocre pour les sabots. Enfoncez des spaghettis dans les pattes.
Modelez un ovale de 2,5 cm pour la tête, creusez les yeux avec l'outil boule.
Modelez un ovale rose de 1,5 cm pour le museau, creusez les naseaux. Modelez un boudin pointu ocre clair, coupez le en deux pour former les cornes.
Modelez deux poires écrasées pour les oreilles (photo 1).

2 - Modelez une boule rose de 1 cm aplatie, creusez 4 trous et collez-y 4 boudins roses pour former les pis (photo 2).

3 - Assemblez tous les éléments de la tête, laissez durcir, faites de même avec le corps et les pattes, laissez durcir, pattes en l'air sur de la fibre (phcto 3).

1
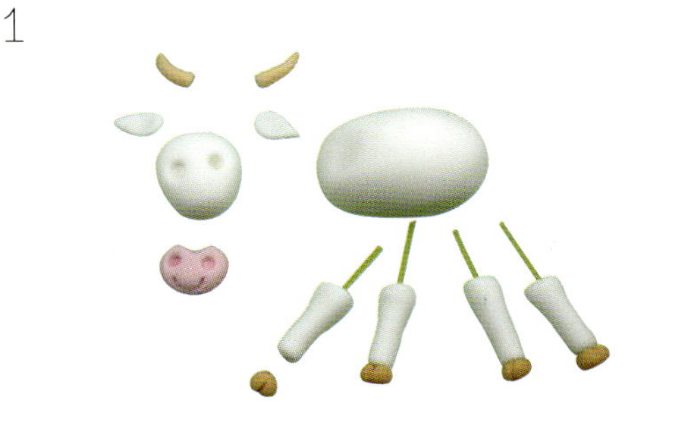

2
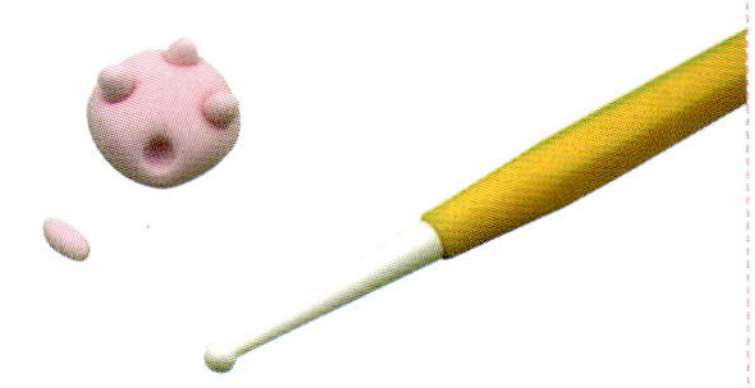

3

conseil

Creusez l'emplacement des pattes avec l'outil sphère large, et faites un avant-trou avec un spaghetti, elles s'y enfonceront plus naturellement quand vous les collerez

4 - Étalez des boulettes noires irrégulières très finement, collez-les sur le corps. Ajoutez un boudin noir aplati et strié sur le bout pour la queue.

5 - Collez des boulettes noires dans les trous des yeux, et deux boudins très fins pour les cils. Rosissez les joues avec la poudre rose.

6 - Aplatissez une boulette ocre de 1 cm, imitez les trous du cuir avec l'outil coquillage sur tout le tour. Formez la cloche jaune à partir d'une poire que vous creuserez avec l'outil boule. Collez une petite poire noire au centre du creux.

4

5

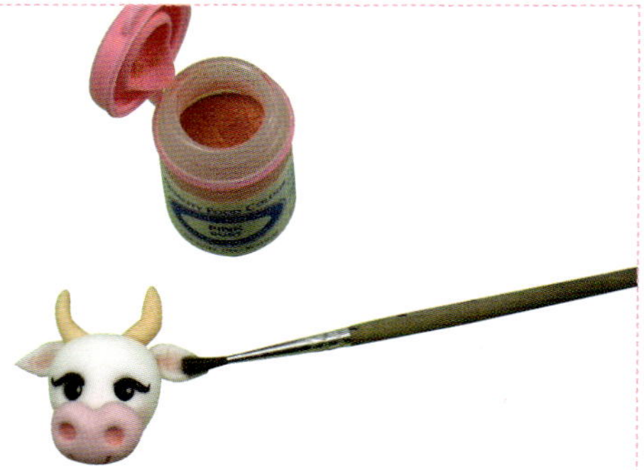

6

conseil

Attention, la pâte noire est très salissante, prenez garde de ne pas salir votre vache en collant les taches.

7 - Collez le collier sur le corps, piquez un spaghetti, enfoncez la tête avec un peu de colle. Collez 3 petites carottes striées pour figurer les poils entre les cornes.

8 - Collez la cloche sous la tête, soutenir avec de la fibre pendant le séchage.

7

8

variante

Il existe une multitude de races de vaches, changez les couleurs, ôtez les taches, inspirez-vous de photos pour en créer d'autres sur la même base.

finition

Posez une touche de poudre rose au creux des oreilles, et collez une petite fleur comme si elle l'avait dans la bouche.

Les trois petits cochons

Matériel et ingrédients

- Pâte mexicaine SK blanche
- Pâte mexicaine SK flesh
- Colorant en pâte SK rose
- Spaghettis
- Colle alimentaire SK
- Feutre alimentaire noir
- Colorant en poudre SK rose
- Couteau
- Outil sphère
- Outil sourire

1 - Modelez une boule de 2 cm pour la tête, un ovale de 3 cm pour le corps, deux petits triangles pour les oreilles, une boulette pour le groin, quatre boudins de 1,5 cm pour les oreilles, et un petit boudin fin enroulé en tire-bouchon pour la queue (photo 1).

2 - Enfoncez des spaghettis dans les pattes, collez les ongles aux extrémités (photo 2).

3 - Assemblez les pattes, la tête, le groin et les oreilles avec de la colle alimentaire, soutenez le cochon pendant le séchage (avec de la fibre ou une chips de maïs comme on en trouve dans les emballages) (photo 3).

4 - Réalisez 3 cochons sur le même principe, en variant leurs positions comme illustré (photo 4).

Pour finir, marquez les sourires, creusez la bouche et les narines avec l'outil sphère.
Dessinez les yeux au feutre, rosissez les joues et l'intérieur des oreilles avec la poudre rose, au pinceau.

astuce

Fixez le cochon debout sur un spaghetti planté dans une plaque de polystyrène pendant le séchage, il pourra rester en place pour être positionné sur votre gâteau.

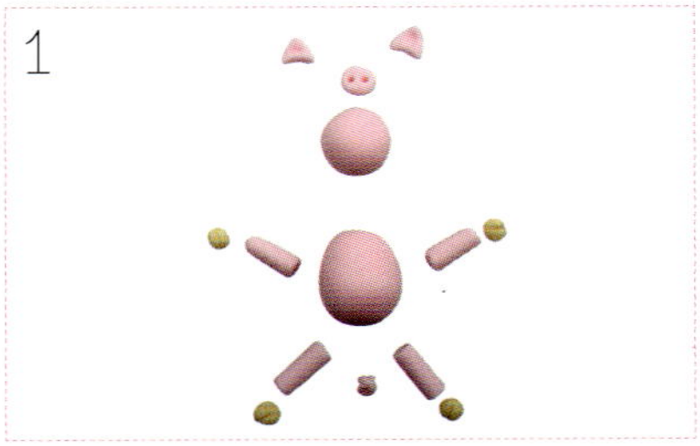

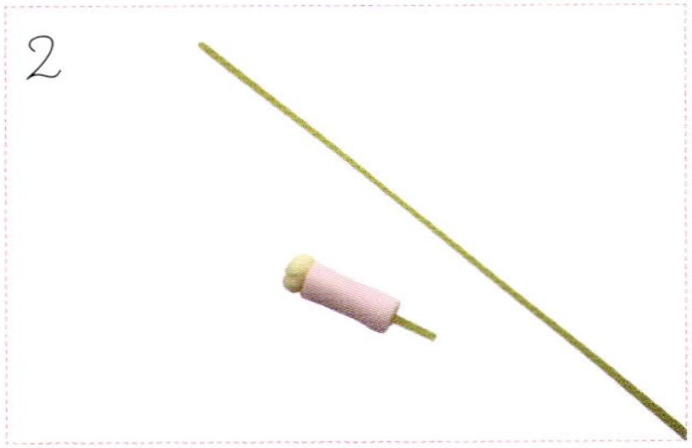

Le mouton dodu

Matériel et ingrédients

- Pâte mexicaine SK blanche
- Pâte mexicaine SK noire
- Pâte mexicaine SK flesh (couleur chair soutenue)
- Colorant pâte SK terracota
- Colorant pâte SK vert menthe
- Colle alimentaire SK
- Colorant poudre SK rose
- 2 mini perles en sucre blanches
- Feutre alimentaire noir
- Outil multi-aiguilles
- Outil sphère
- Paille
- Seringue extrudeuse, embout multi-trous
- Couteau

1 - Modelez une poire blanche de 5 cm, griffez toute la surface rapidement et avart que la pâte ne commence à sécher.

2 - Modelez un œuf de 2 cm de couleur flesh, creusez les trous des orbites, collez deux boulettes noires pour les yeux. Marquez le nez et le sourire avec le couteau et l'outil sourire. Modelez les oreilles en superposant deux poires écrasées blanche et flesh. Rosissez les joues.

3 - Collez la tête sur le corps.
Modelez les pieds du mouton à partir de 4 boulettes flesh fendues.

1

2

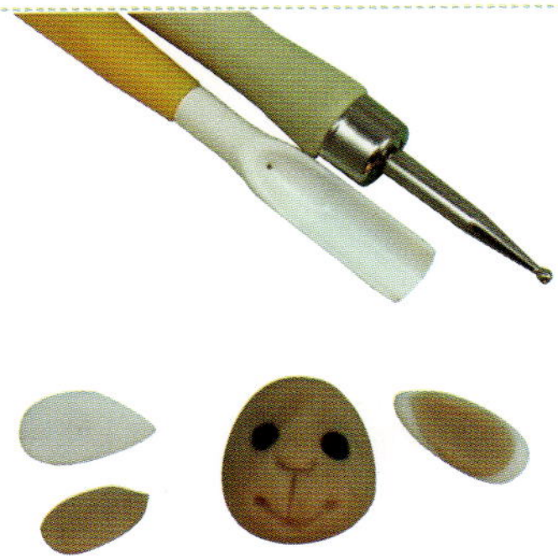

3

astuce

Fabriquez votre outil pour texturer la fourrure avec des aiguilles enfoncées dans un boudin de pâte à modeler auto-durcissante.

4 - Collez les pattes à la base du corps, ajoutez un peu de pâte blanche griffée sur la tête pour la toison.

5 - Colorez de la pâte en vert, faites l'herbe avec la seringue extrudeuse, en tirant sur la pâte qui sort pour former des pointes.

Collez sous le mouton en laissant dépasser le côté point.

4

5

astuce

Une fois le modelage sec, manipulez-le avec précaution, l'herbe sèche est très fragile.

Le poney

Matériel et ingrédients

- Pâte à sucre mexicaine SK blanche
- Colorant pâte SK terracota
- Colorant pâte SK marron quenouille
- Colle alimentaire SK
- Seringue extrudeuse
- Spaghetti
- Outil sphère
- Chute de polystyrène

1 - Modelez une poire de 3 cm pour la tête, modelez une poire blanche pour le museau (voir le chien page 16), creusez les naseaux et les yeux avec l'outil sphère, enfoncez des boulettes noires pour les yeux.
Modelez deux triangles pour les oreilles, superposez deux petits triangles plus foncés par dessus.

2 - Modelez une forme de cacahuète de 6 x 4 cm pour le corps. Modelez un boudin de 12 cm, coupez-le en 4. Affinez pour former les jambes. Modelez des boulettes chocolat pour les sabots, piquez les jambes sur des spaghettis.

1

2

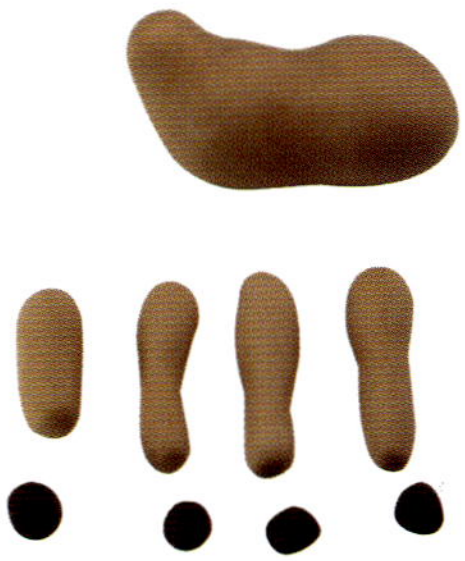

1 - Plantez les pattes dans le polystyrène pour qu'elles sèchent complètement. Creusez leur emplacement dans le corps.

2 - Pressez la pâte blanche dans la seringue extrudeuse pour faire les crins de la queue et de la crinière.

3 - Assemblez le corps, les pattes et la tête. Collez les crins sur la tête (recoupez des petits morceaux pour de devant), et creusez le corps au niveau de la queue pour y insérer les crins les plus longs.

3

4

5

astuce

Manipulez votre modelage le moins possible une fois les crins posés, car ils sont très fragiles.

Maman poule et ses poussins

Matériel et ingrédients

- Pâte à sucre mexicaine SK blanche, noire
- Colorant pâte SK orange souci, rouge coquelicot, jaune jonquille
- 2 mini perles en sucre blanches et deux marron
- Couteau
- Colle alimentaire SK
- Couteau

1 - Colorez un peu de pâte en rouge et en orange.

Modelez une poire blanche de 6 cm pour le corps.

Modelez les ailes en formant 6 gouttes aplaties à partir de boules de 1 cm. Assemblez-les par 3.

Modelez un petit cône orange de 1 cm, marquez le milieu du bec avec le couteau, et les narines avec un cure-dent.

Modelez 3 petits boudins fins oranges de 1,5 cm, réunissez-les en éventail.

Modelez 4 boules rouges aplaties pour la crête, réunissez-les.

Modelez 2 boules rouges aplaties pour les barbillons.

Aplatissez des boulettes noires et blanches, superposez-les pour faire les yeux, enfoncez les perles en sucre blanches, ajoutez un boudin fin pour les cils (photo 1).

1

2 - Assemblez tous les éléments de la poule avec de la colle comme illustré.

Modelez la queue avec 3 gouttes striées collées ensemble.

3 - Collez sous le corps de la poule.

4 - Modelez deux boulettes jaunes de 1 et 1,5 cm. Modelez un bec miniature et deux petites pattes orange de la même façon que pour la maman poule. Collez un petit toupet sur la tête.

2

3

4

bonne idée

Décorez des cupcakes pour Pâques, ou modelez des poussins plus grands et réalisez des sucettes amusantes pour les enfants en y plantant des bâtonnets.

Les animaux de la nature

La famille hérisson

Matériel et ingrédients

- Pâte à sucre mexicaine blanche, noire et chair (flesh)
- Colorant pâte SK marron quenouille
- Colorant liquide SK noir
- Colorant Poudre SK rose
- Colle alimentaire SK
- Outil sourire
- Outil sphère
- Paille

1 - Modelez un œuf marron de 4 cm pour le corps, marquez les piquants avec la paille inclinée.

Modelez un cône chair, retroussez la pointe pour former le museau, percez deux trous pour les yeux, noircissez avec le colorant. Collez une boulette noire pour la truffe, et collez deux boulettes chair plates pour les oreilles.

2 - Collez la tête sur le corps, modelez trois petites carottes marron, collez sur la tête. Rosissez les joues avec la poudre.

1

2

astuce

Modelez les petits sur le même principe, en diminuant juste les proportions et décorez-en des cupcakes sur le thème de la forêt, succès assuré !

L'écureuil

Matériel et ingrédients

- Pâte à sucre mexicaine SK blanche, noire, chair (flesh)
- Colorant pâte SK terracotta
- Colorant pâte SK jaune jonquille
- Colorant pâte SK marron quenouille
- Outil sphère 1 cm
- Cutter
- Spaghetti

1 - Colorez la pâte en terracotta, préparez aussi une petite quantité de pâte ocre et chocolat pour le gland.
Modelez une poire de 4 cm pour le corps, et une poire de 2,5 cm pour la tête.
Modelez une carotte de 5 x 1 cm pour la queue, formez un S.

Pattes arrière : modelez 2 gouttes de 2 cm, pliez et marquez les doigts au cutter, aplatissez les cuisses.

Pattes avant : modelez 2 gouttes fines de 1,5 cm, aplatissez le bout des doigts et recoupez au cutter (photo 1).

2 - Assemblez la tête, la queue et le corps (avec un morceau de spaghetti piqué). Ajoutez 2 petites poires plates pour les oreilles, et des boulettes noires pour les yeux, une boulette chair pour le nez.
Creusez une boule marron de 1 cm avec l'outil boule, striez au couteau pour imiter la coque du gland. Collez-y une poire ocre (photo 2).

3 - Collez le gland dans les pattes de l'écureuil. Soutenez pendant le séchage (photo 3).

astuce

Tracez un sourire sous le museau pour lui donner un air sympathique, et faites en sorte que le gland touche la bouche de l'écureuil.

1

2

3

Les champignons

Matériel et ingrédients

- Pâte à sucre mexicaine SK blanche
- Colorant pâte SK rouge coquelicot
- Une paille
- Un rouleau
- Colle alimentaire SK

1 - Colorez une partie de la pâte à sucre en rouge, laissez le reste en blanc.

Modelez une boule rouge de 2,5 cm, creusez-la pour en faire une coque. Modelez un boudin blanc de 2 cm x 1 cm, formez une poire. Assemblez le pied et la tête du champignon avec de la colle. Étalez la pâte blanche finement, découpez des petits ronds avec la paille, collez ces ronds sur la tête du champignon.

2 - Réalisez les champignons, agrandissez-les ou réduisez-les en fonction de vos projets.

1

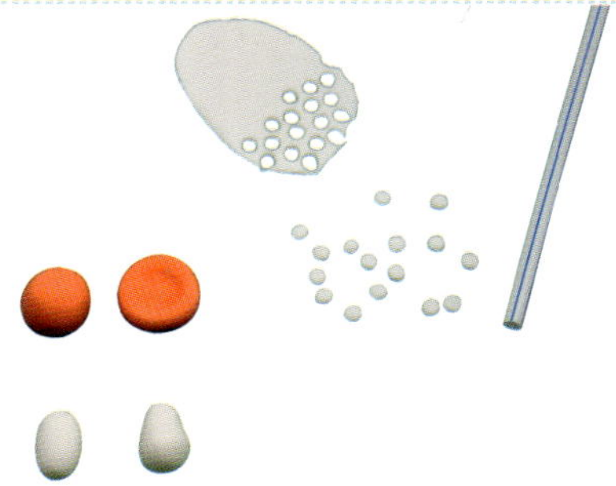

2

astuce

Pour intégrer les pois sur le champignon, creusez l'emplacement de ceux-ci avec un outil boule avant de les coller. Lissez bien avec les doigts.

L'ours polaire

Matériel et ingrédients

- Pâte à sucre mexicaine SK blanche, noire
- Colorant pâte SK rose
- Colorant poudre SK rose
- Poudre lustre métallique SK argent
- Emporte-pièce petit poisson (1,5 cm)
- Couteau
- Pinceau
- Paille
- Spaghetti

1 - Mélangez un peu de pâte noire avec la blanche pour obtenir une petite quantité de pâte grise.
Colorez une petite quantité de pâte en rose.
Modelez une poire pour le corps, un œuf pour la tête.
Modelez 4 gouttes longues pour les pattes, 2 pastilles grises.
Marquez les doigts aux pattes avant, collez les pastilles aux pattes arrière (coussinets).
Modelez une petite boulette noire pour la truffe, deux boulettes noires et deux pastilles grises pour les yeux.
Modelez deux boules blanches aplaties pour les oreilles, et collez deux pastilles grises par-dessus, recoupez la base (photo 1).

2 - Assemblez le corps, la tête et les pattes, collez les oreilles, tracez un sourire dans la pâte et ajoutez une petite poire rose pour la langue (photo 2).

3 - Coupez un petit poisson dans la pâte grise étalée, marquez les écailles avec la paille, passez de la poudre argentée au pinceau (photo 3).

Collez le poisson entre les pattes de l'ours.

variante

Modelez des ours bruns en changeant simplement les couleurs, remplacez le poisson par un pot de miel. Avec de la pâte noire et blanche, et en vous inspirant d'une photo, modelez un panda.

1

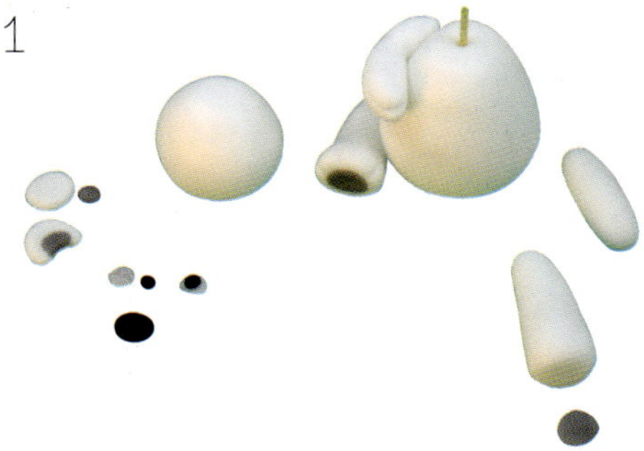

2

3

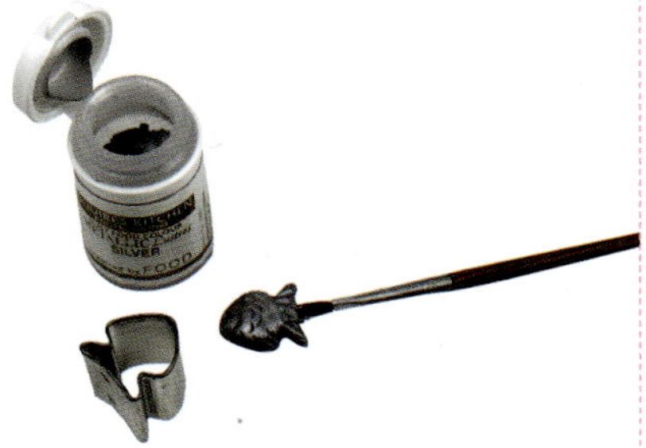

Le pingouin

Matériel et ingrédients

- Pâte à sucre mexicaine SK blanche, noire
- Colorant pâte SK orange souci
- 2 perles en sucre blanches
- Colle alimentaire SK
- Emporte-pièce à piston fleur petit modèle
- Paille
- Couteau

1 - Modelez un boudin noir de 4 cm, amincissez un côté. Modelez une poire blanche de 2 cm, aplatissez-la et recoupez le haut pour former le tour des yeux. Étalez la pâte orange, coupez deux fleurs. Modelez un petit triangle pour le bec. Marquez un sourire avec la paille.

2 - Assemblez le corps et le plastron blanc avec de la colle, insérez des boulettes noires pour les yeux, enfoncez-y les mini perles blanches. Collez le bec et les pattes.
Modelez deux poires aplaties de 2 cm, collez un fin boudin blanc en bordure.

3 - Collez les ailes sur le corps du pingouin en prenant soin de placer la bande blanche devant.

conseil

Prenez garde à ne pas salir le blanc avec la pâte à sucre noire.

1

2

3

Vive les mariés !

Un bébé, quel bonheur !

Vive les mariés !

Matériel et ingrédients

- Pâte à sucre mexicaine SK blanche, noire, beige pâle (chair)
- Colorant pâte SK noir, rose, brun ourson, marron quenouille
- Rouleau antiadhésif
- Emporte-pièce à piston fleur petit modèle
- Colle alimentaire SK
- Moule silicone nœud
- Outil sphère
- Plaque de polystyrène
- Feuille de papier cuisson
- Bouteille d'eau pétillante vide
- Rice krispies à mouler (voir la recette page 47)
- Couteau

1 - Moulez une jupe en rice krispies à l'avance, laissez durcir et démoulez.
Modelez les têtes des mariés, celle de la dame doit être plus petite. Creusez un trou à l'arrière pour introduire le cou. Laissez durcir en les piquant sur un cure-dent.

2 - Étalez finement la pâte blanche au rouleau, recouvrez totalement le cône en rice krispies, rabattez les surplus en dessous.

3 - Dans une abaisse de pâte très fine, coupez des longueurs de pâte de même largeur (environ 3 cm), froncez-les et collez-les sur le cône, en commençant par le bas.

1

2

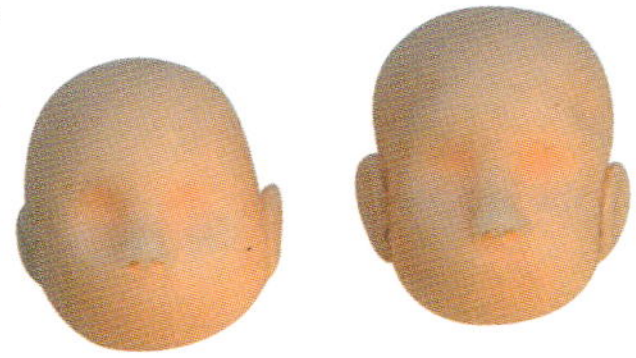

3

4

conseil

Pour mouler la jupe, faites fondre 45 g de beurre avec 50 marshmallows, mélangez avec 150 de riz soufflé. Versez dans un goulot de bouteille fendu.

4 - Modelez le buste de la mariée à partir d'un boudin affiné au centre. Creusez la base, élargissez entre les doigts et festonnez le bord avec l'outil sphère. Collez sur la jupe.

5 - Modelez une petite poire couleur chair, creusez la base pour former un entonnoir, affinez le haut pour obtenir le cou et le décolleté nu. Collez sur le buste, enfoncez un cure-dent.

6 - Collez le cou sur le buste, enfoncez délicatement en le vissant un cure-dent, sans écraser la pâte.

7 - Modelez deux boudins courts et deux boulettes aplaties finement, assemblez pour obtenir les manches ballons. Marquez les plis des épaules au couteau.

4

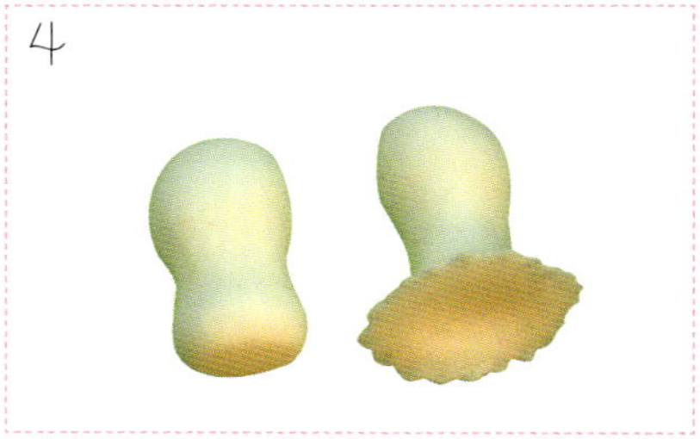

5

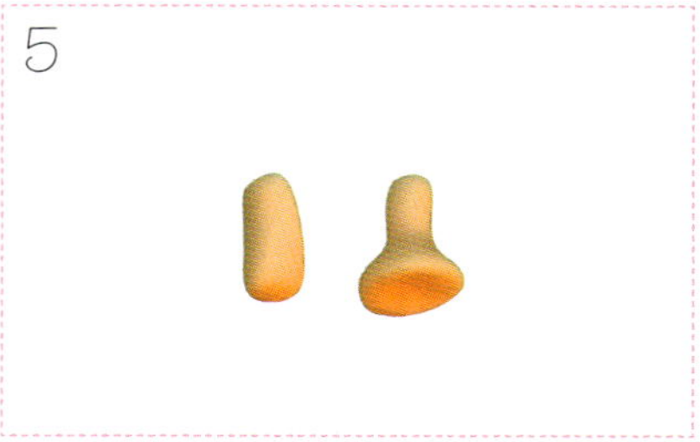

6

7

conseil

Posez votre sujet sur une plaque de polystyrène recouverte d'une feuille de papier cuisson, ce sera plus pratique à déplacer.

8 - Collez les manches contre le buste, en les faisant dépasser aux épaules, creusez le dessous avec l'outil boule pour y insérer les bras.

9 - Modelez deux boudins couleur chair pour les bras.

10 - Collez les bras dans les manches, réunissez-les devant la robe.

11 - Étalez finement la pâte blanche et rose, coupez-y des petites fleurs à l'emporte-pièce.

conseil

Faites ressortir la poitrine de la mariée avec un cure-dent pressé verticalement au centre du buste.

8

9

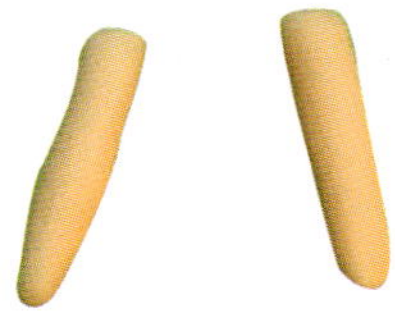

10

11

12 - Collez les petites fleurs sur les mains pour former le bouquet, ainsi que tout autour du décolleté. Collez des perles en sucre au centre de chaque fleur.

13 - Peignez les visages avec les colorants liquides, rosissez les joues avec le colorant en poudre rose.

14 - Creusez une boule marron pour faire la calotte, collez sur la tête de la mariée et striez au couteau pour imiter les cheveux.

15 - Modelez un boudin marron fin, entortillez-le et roulez-le sur lui-même pour former le chignon.

12

13

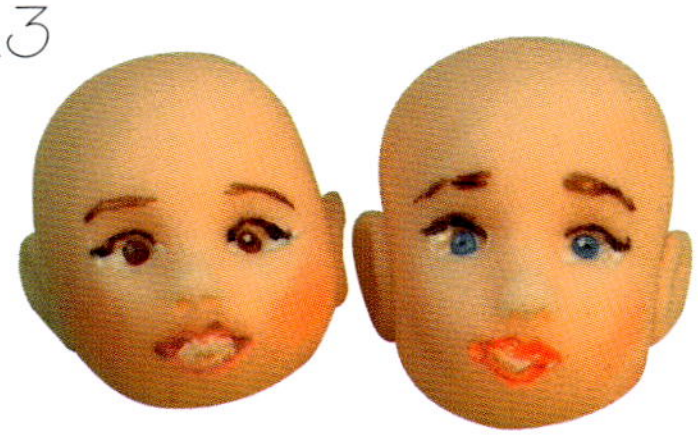

14

15

astuce

Les emporte-pièces à piston en plastique sont très pratiques car il permettent de déposer directement la fleur sur le sujet sans la déformer.

16 - Collez le chignon sur la tête de la mariée.

17 - Modelez des petites carottes brunes pour former les mèches, collez sur le front. Complétez la coiffure avec des petites fleurs roses.

18 - Modelez un long boudin pour faire les jambes du marié, pliez en deux et creusez les extrémités pour y placer les chaussures. Modelez deux gouttes noires, collez sous le pantalon.

19 - Enfoncez délicatement des tiges (piques à brochettes ou gros spaghettis) dans les jambes, faites traverser la chaussure pour pouvoir piquer les jambes dans la plaque de polystyrène.

16

18

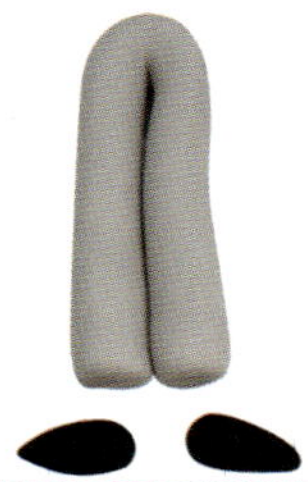

19

conseil

Ménagez la place des jambes contre la robe de la mariée avant que celle-ci ne soit totalement dure, pour que le couple soit proche.

20 - Modelez une poire blanche aplatie en haut et en bas pour former le buste du marié. Piquez sur les jambes avec un spaghetti.

21 - Modelez un cône couleur chair pour former le cou, piquez sur le buste du marié.

22 - Étalez une bande de pâte blanche fine, recoupez à la longueur du périmètre du cou et taillez en biais pour former le col de la chemise. Collez autour du cou.

23 - Étalez finement la pâte grise pour y découper un rectangle assez large pour entourer le corps du marié avec les bords se chevauchant. Recoupez les angles du bas en arrondi.

20

21

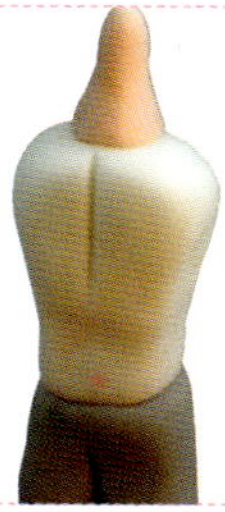

22

23

24 - Collez la redingote sur le corps, rabattez les angles pour former le col de veste. Moulez un nœud papillon noir, coller sous le col de la chemise.

25 - Modelez les mains à partir de poires chair aplaties, marquez les doigts au couteau. Réservez.

26 - Modelez deux boudins gris pour les manches, creusez la base pour y glisser les mains.

27 - Collez les manches au corps du marié, positionnez les mains, dont une posée sur la taille de la mariée. Collez et soutenez si nécessaire.

28 - Creusez une boule marron, collez sur la tête en poussant la pâte sur les côtés pour imiter les pattes d'oreilles, et collez des mèches sur le front.

bonne idée

Ajoutez une petite fleur rose moulée au revers de la redingote du marié. Et pourquoi pas un chapeau ?

24

25

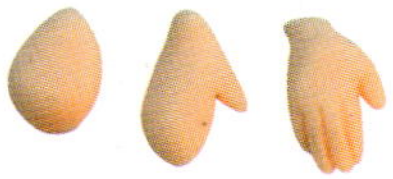

26

27

28

Un bébé, quel bonheur !

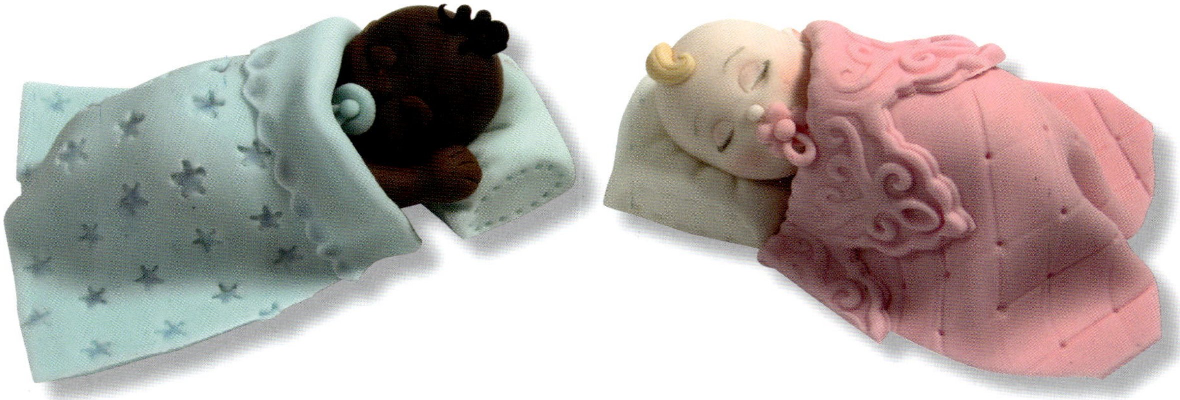

Matériel et ingrédients

- Pâte à sucre mexicaine SK blanche, beige pâle (chair)
- Colorant pâte SK rose
- Colorant poudre SK rose
- Colorant poudre SK marron
- Paille
- Rouleau antiadhésif
- Emporte-pièce à piston fleur petit modèle
- Colle alimentaire SK
- Découpoir à volant et son empreinte
- Outil sphère
- Couteau
- Pinceau fin

Modelez une boule chair, collez deux petites poires pour les oreilles.

Creusez l'emplacement ces yeux avec l'outil sphère, coupez une pastille à la paille, divisez-la en deux et collez pour faire les paupières.

Collez une boulette pour le nez.

1 - Étalez la pâte rose, coupez une fleur, collez à l'emplacement de la bouche, modelez un petit anneau rose, collez sur la fleur pour faire la sucette (photo 1).

2 - Rosissez les joues avec le colorant poudre, dessinez les cils et les sourcils au pinceau fin avec le colorant marron dilué (photo 2).

1

2

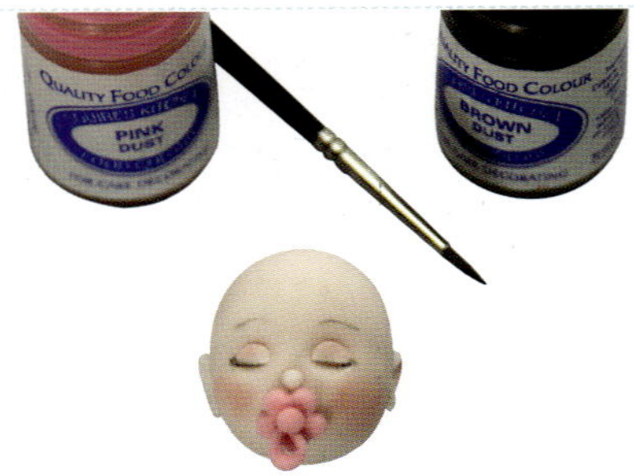

3 - Modelez un carré épais avec la pâte blanche, creusez le centre avec le pouce pour délimiter l'enfoncement de la tête.

4 - Placez l'oreiller sur un carré de papier cuisson, collez la tête de côté sur l'oreiller, modelez une poire et collez-la contre la tête du bébé.

5 - Étalez la pâte rose en un carré fin assez large pour couvrir le bébé entièrement, recoupez un bord avec le découpoir à volant, marquez la découpe avec l'empreinte adaptée. Tracez des lignes croisées avec le dos du couteau pour imiter le matelassage de la couverture.

3

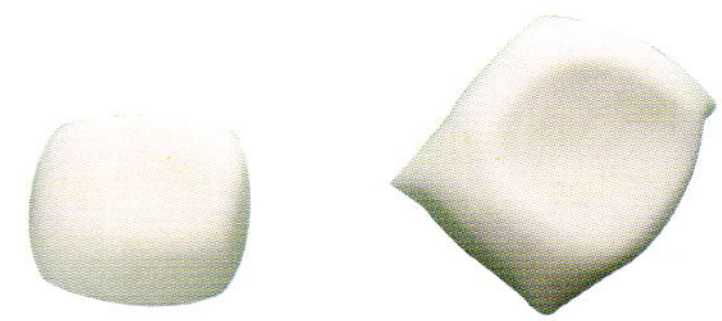

4

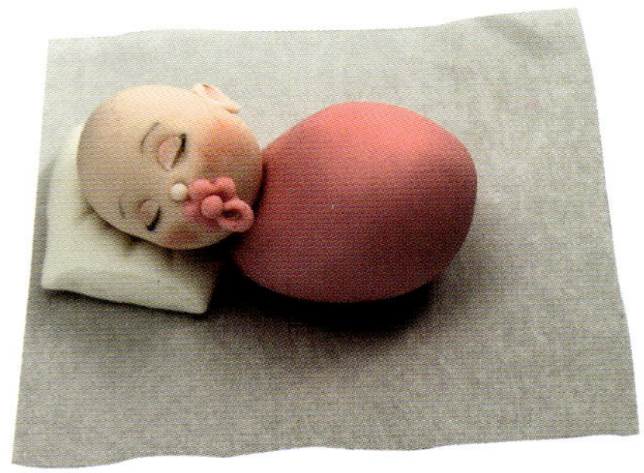

5

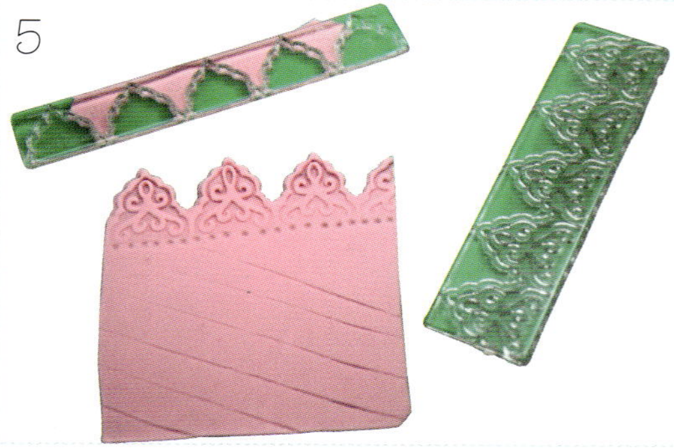

astuce

Si vous n'avez pas de découpoir à volant, festonnez le bord de la couverture et utilisez un tampon pour tracer des motifs.

6 - Couvrez le bébé en repliant le bord ouvragé de la couverture, modelez une petite mèche blonde et collez-la sur la tête.

7 - Variez les modèles er modelant par exemple un bébé en pâte à sucre marron, avec une couverture bleue, et collez des boudins de pâte noire entortillée pour les cheveux frisés.

6

7

La fête costumée

Pour mon anniversaire, venez déguisé !
En clown ou... en fée

Ou bien encore en pirate ou... en princesse !

Le clown

Matériel et ingrédients

- Pâte à sucre mexicaine SK blanche, beige pâle (chair)
- Colorant pâte SK rouge coquelicot, terracotta, vert menthe, orange berbéris, jaune jonquille, bleu turquoise (hydrangea)
- Colorant poudre SK rouge
- Colorant liquide SK noir
- Colle alimentaire SK
- 2 mini perles en sucre blanches
- Spaghetti
- Emporte-pièce étoile 3 et 4 cm
- Outil sphère
- Moule silicone nœud
- Tampons ou empreintes
- Couteau
- Rouleau antiadhésif

1 - Modelez un boudin rouge pour les jambes, creusez le milieu avec le doigt, élargissez les extrémités pour y glisser les chaussures.
Modelez deux grandes poires terracotta pour les chaussures, aplatissez une face contre la table, marquez les talons avec le couteau.

2 - Modelez une poire orange pour le corps, collez-la dans le creux du pantalon. Étalez un rectangle de pâte verte de la hauteur du corps, enveloppez la poire en fronçant le haut et rabattez les coins comme un revers de veste.

3 - Modelez les mains dans la pâte couleur chair.

1

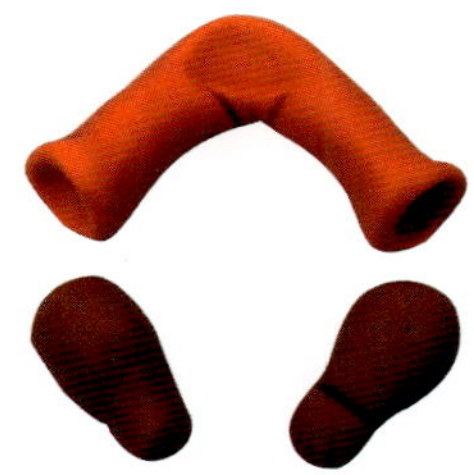

2

3

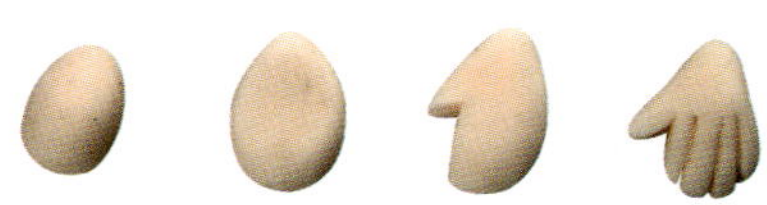

4 - Modelez deux boudins verts pour les manches, élargissez la base et marquez les plis des coudes. Collez les manches sur le corps, et placez les mains.

5 - Étalez la pâte jaune et bleue, découpez-y deux étoiles et marquez les pointes avec le tampon.

6 - Superposez-les sur le haut de la veste, ajoutez une boulette verte aplatie et striée pour le cou.

4

5

6

astuce

Si vous n'avez qu'une taille d'étoile, étalez la pâte jaune moins finement, découpez la forme et aplatissez à nouveau pour l'agrandir.

7 - Modelez une boule chair, collez une boule rouge pour le nez, superposez trois pastilles pour les yeux : blanche ovale, bleue et noire rondes, ajoutez 2 perles en sucre blanches et collez. Tracez le sourire, rougissez les joues. Collez deux poires aplaties pour les oreilles.

8 - Modelez 6 carottes oranges striées pour les cheveux, et un cône rouge sur lequel vous collerez 3 boules de couleur. Collez les cheveux de chaque côté de la tête et le chapeau au centre. Collez un nœud rouge moulé et une fleurette sur le revers de la veste.

9 - Modelez une boule jaune et découpez des petites fleurs rouges fines, placez-les sur la boule et roulez doucement dans vos mains pour les intégrer dans la pâte. Collez la boule contre la jambe du clown.

7

8

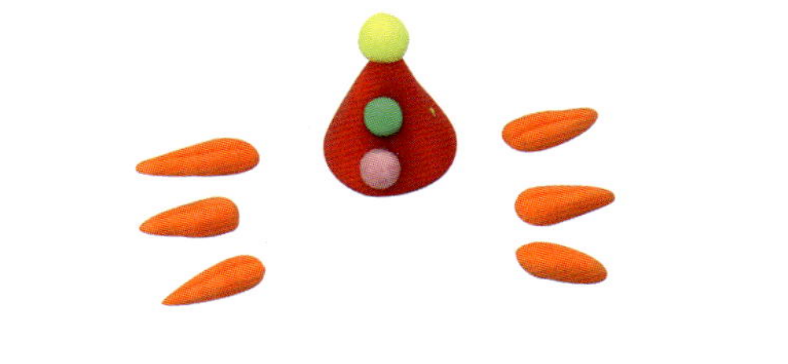

9

conseil

Insérez un petit morceau de spaghetti dans la tête pour que le chapeau tienne.

astuce

Creusez l'emplacement des yeux avec l'outil sphère avant d'y coller les pastilles de couleur.

La fée

Matériel et ingrédients

- Pâte à sucre mexicaine SK blanche, beige pâle (chair)
- Colorant pâte SK violet, rose, jaune jonquille
- Chutes de pâte à sucre noir, rouge
- Poudre scintillante SK blanche
- Colorant poudre SK rose
- Colorant poudre SK noir
- Paillettes alimentaires
- Mini perles en sucre roses
- Colle alimentaire SK
- Spaghettis
- Feuille de gélatine
- Crisco ou matière grasse végétale
- Rouleau antiadhésif
- Outil boule large et étroit
- Emporte-pièce feuille 2 cm
- Emporte-pièce à piston fleur petit modèle
- Moule silicone fleurs et papillons
- Pinceau fin
- Scalpel
- Un peu de fibre de rembourrage

1 - Formez la tête, collez une boulette pour le nez, une boulette rouge creusée pour la bouche, 2 poires aplaties et allongées pour les oreilles. Collez 2 boulettes noires pour les yeux. Laissez sécher en surface, puis peignez les cils au colorant noir dilué, et rosissez les joues.

2 - Modelez 2 boudins chair pour les jambes, affinez les chevilles, modelez deux boudins plus fins pour les bras, affinez les poignets et marquez les mains au scalpel.
Modelez une poire violette pour le corps, modelez un cône chair légèrement creusé pour le cou.

3 - Assemblez les jambes pliées, le cou et le corps comme illustré, mettez les bras et les mains en forme et laissez-les de côté sur de la fibre pour ne pas les déformer.

conseil
Creusez un trou à l'arrière de la tête pour y insérer le cou et piquez-y un morceau de spaghetti.

1
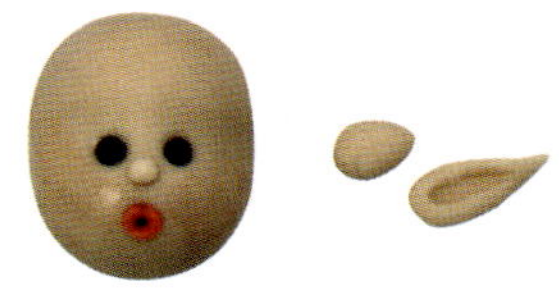

2
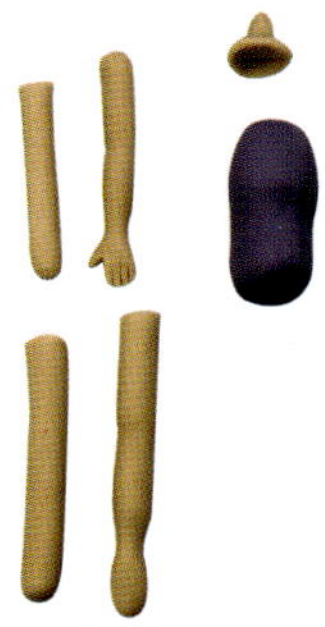

3
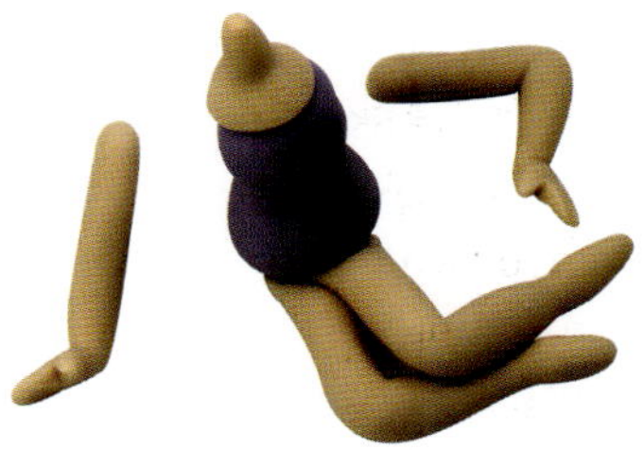

4 - Étalez finement la pâte et découpez-y suffisamment de feuilles pour faire le tour de la taille. Collez en les faisant se chevaucher légèrement. Collez des petites fleurs découpées dans la pâte blanche, ajoutez une perle rose au centre de chaque fleur.

5 - Plantez la tête avec un spaghetti, collez les bras, soutenez le bras levé avec un peu de fibre de rembourrage, puis collez des petites fleurs blanches tout autour du décolleté.

6 - Découpez deux formes d'ailes dans la feuille de gélatine, collez un rond violet sur chaque aile, puis passez un peu de matière grasse avec le doigt et saupoudrez de poudre irisée. Passez un peu colle sur les contours, saupoudrez de paillettes et secouez l'excédent.

4

5

6

astuce

Si votre pâte brille à cause de la colle, passez un peu de sucre glace au pinceau, comme une poudre à maquillage.

à savoir

Plus la pâte est étalée finement, plus les feuilles sont réalistes.

7 - Mélangez la pâte chair avec du jaune pour avoir du blond. Procédez comme pour la mariée pour placer les cheveux sur la tête (voir page 50).

8 - Collez la calotte sur la tête et striez-la. Modelez une carotte aplatie, striez-la et collez-la sur le front. Complétez avec des mèches plus petites sur les côtés.

9 - Fendez le dos de la fée avec le scalpel et insérez les ailes délicatement car la feuille de gélatine est très fragile ! Moulez un papillon blanc, pliez-le légèrement et laissez-le durcir avant de le coller dans la main de la fée.

Passez de la poudre irisée sur la robe et collez des petites fleurs dans les cheveux.

7

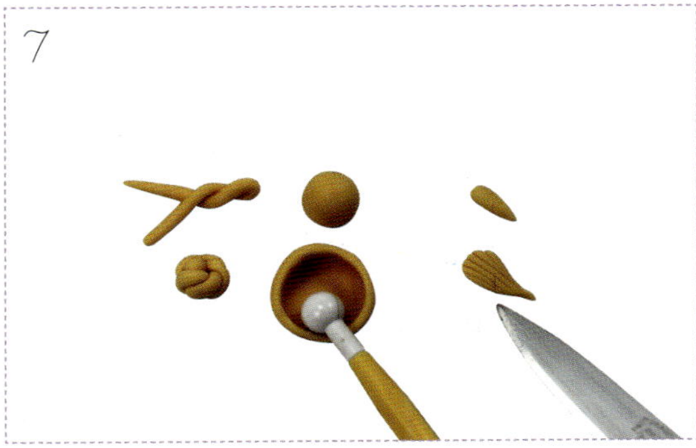

8

9

Le pirate

Matériel et ingrédients

- Pâte à sucre mexicaine SK blanche, beige pâle (chair)
- Colorant pâte SK rouge
- Colorant poudre SK rose
- Colorant liquide SK noir
- Colle alimentaire SK
- Ébauchoir écaille (sourire)
- Cure-dent
- Couteau
- Pinceau fin
- Rouleau antiadhésif
- Spaghetti

1 - Étalez la pâte noire finement, découpez les pointes du drapeau, collez le bord droit avec un peu de colle alimentaire autour du cure-dent. Modelez une petite tête de mort, collez sur le drapeau.

2 - Modelez deux boudins affinés aux chevilles pour les jambes, formez les pieds et marquez les ongles avec le bout du spaghetti.

3 - Étalez la pâte rouge finement, taillez deux rectangles et découpez des pointes dans le bas. Collez autour des jambes et plantez un spaghetti au centre.

4 - Modelez une poire blanche pour le buste, creusez le bas et collez-la sur les jambes. Peignez des rayures noires avec le colorant dilué sur le corps.

1

2

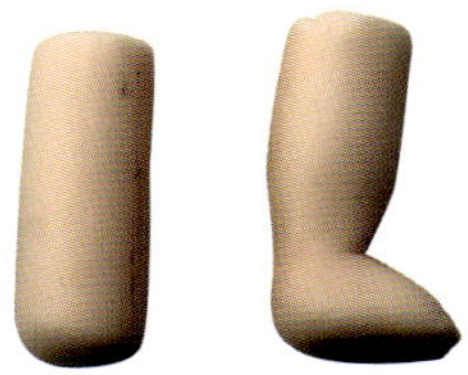

3

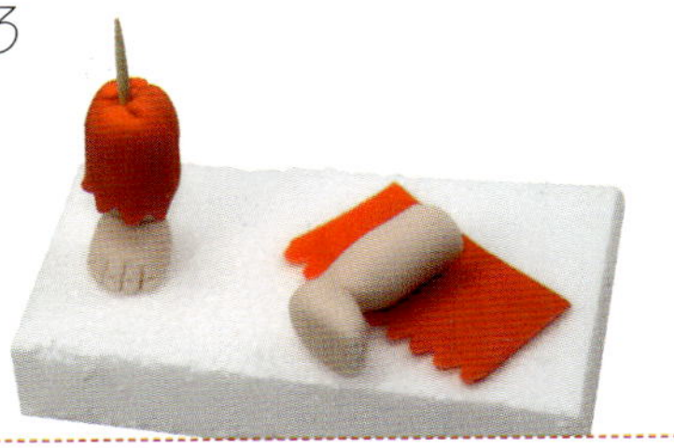

4

conseil

Si vous utilisez un cure-dent, prévenez les convives, surtout s'il s'agit de jeunes enfants car ils n'hésiteront pas à croquer dans la figurine !

5 - Formez la tête, collez une boulette pour le nez, tracez un sourire. Modelez 2 poires pour les oreilles, et une pastille noire pour le cache œil. Modelez une boule rouge, creusez-la, collez-la sur la tête. Collez 2 petites poires rouges pour le nœud. Modelez les mains, percez l'une d'elles.

6 - Collez des pastilles blanches sur le bandana, collez la tête sur le corps avec un spaghetti.
Modelez deux boudins blancs pour les bras, creusez la base, pliez-les et peignez des rayures noires. Laissez sécher.

7 - Collez les bras au corps, collez les mains dans les manches, soutenez pendant le séchage et attendez le séchage complet pour poser le drapeau dans la main.

5

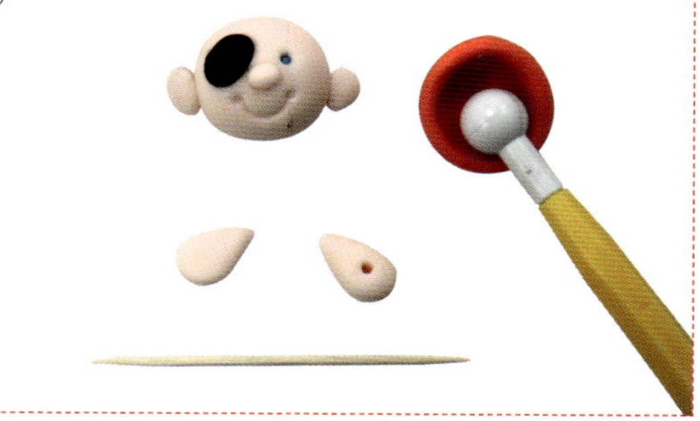

6

7

astuce

Plantez les bras sur des spaghettis pour être à l'aise quand vous les peignez.

La princesse

Matériel et ingrédients

- Pâte mexicaine SK blanche
- Pâte mexicaine SK beige pâle (chair)
- Colorant pâte SK hydrangea (turquoise)
- Colorant pâte SK terracota
- Colorant pâte SK jaune jonquille
- Colorant poudre SK rose, marron
- Lustre métallique SK or, argent
- Poudre scintillante SK blanche
- Colle alimentaire SK
- Ciseaux
- Douille étoilée
- Emporte-pièce à piston fleur petit modèle
- Emporte-pièce cœur 1,5 cm
- Emporte-pièce rectangle 1,5 cm
- 2 meringues boules coco
- Mini perles en sucre
- Outil sphère
- Emporte-pièce rond 4 cm
- Cure-dent
- Pinceaux fin et épais

1 - Colorez la pâte blanche pour obtenir du turquoise et du turquoise clair, un peu de jaune et un peu de roux.
Empilez deux boules coco, piquez un cure-dent pour les maintenir.

2 - Étalez la pâte turquoise finement et découpez-y 4 morceaux triangulaires pour la jupe, marquez avec la douille étoile, festonnez les bords larges avec l'outil boule.

3 - Collez les morceaux sur les boules coco empilées en faisant adhérer les bords les uns contre les autres.

1

2

3

4 - Coupez deux cercles turquoise clair et marquez le tour avec la mini empreinte étoile, pincez un côté pour donner une forme de coupole. Collez sur la jupe.

5 - Collez les basques sur le haut de la jupe.

6 - Modelez une poire bleu turquoise pour le corps, et un petit entonnoir couleur chair pour le cou, modelez deux bras turquoise clair avec un bourrelet dans le haut pour les manches, creusez la base avec l'outil boule, modelez les mains à partir de petites poires couleur chair.

4

5

6

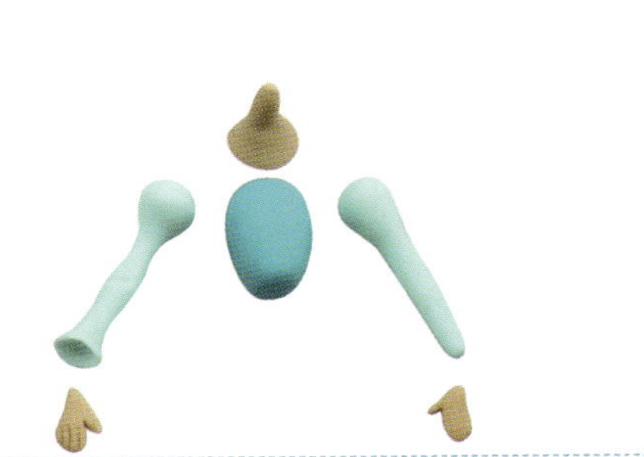

7 - Modelez une boule chair ovalisée pour le visage, peignez au colorant marron dilué les yeux, le sourire, rosissez les joues avec la poudre rose.

8 - Assemblez le corps sur la jupe, collez la tête sur le cou avec un spaghetti. Collez les bras, les mains, positionnez-les. Étalez finement la pâte turquoise, découpez des fleurs, collez-les autour du décolleté.

9 - Étalez de la pâte turquoise finement, découpez-y deux cœurs et deux rectangles, modelez un petit boudin pour le nœud central.

10 - Positionnez sur l'arrière de la robe en commençant par coller les pans du ruban.

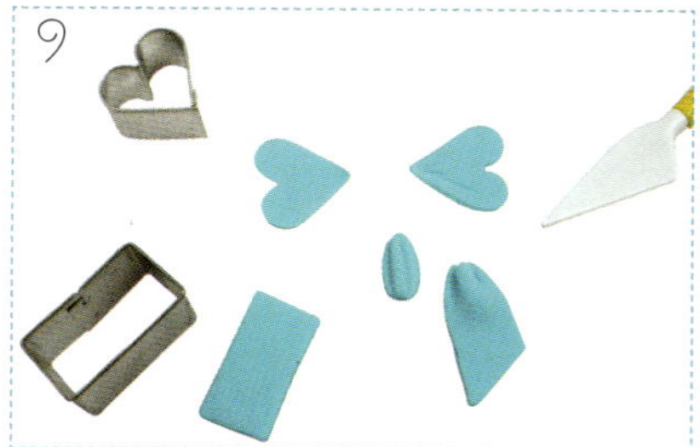

astuce

Dessinez quelques taches de rousseur sur le visage de la princesse, avec un feutre alimentaire ou un pinceau très fin.

11 - Étalez une fine pastille terracotta, collez sur la tête. Modelez des carottes terracotta aplaties et striées pour les mèches, collez comme illustré.

12 - Passez la poudre scintillante sur les parties claires de la robe au pinceau large.

13 - Découpez la couronne aux ciseaux, passez de la poudre dorée sur toute la surface.

14 - Collez les bords de la couronne, placez-la sur la tête de la princesse et collez des perles en sucre dorées sur chaque pointe.

astuce

Laissez durcir quelques heures le modelage avant d'ajouter les cheveux, vous éviterez ainsi l'affaissement du cou à cause du poids.

conseil

Collez quelques petites fleurs ici et là sur la robe, et une autre dans les cheveux, comme une barrette.

Le temps de Noël

A Noël j'aime les sapins scintillants...

les bonshommes de neige souriants...

et le père Noël qu'on attend !

Dans son traineau volant...

tiré par des rennes vaillants !

Le sapin de Noël et ses cadeaux

Matériel et ingrédients

- Pâte à sucre mexicaine SK blanche
- Colorant pâte SK vert foncé
- Colorant pâte SK rouge noël (poinsettia)
- Colorant pâte SK violet
- Colorant pâte SK rose
- Colorant pâte SK blanc
- Paillettes alimentaires
- Emporte-pièce mini étoile
- Colle alimentaire SK
- Pique à Brochette
- Ébauchoir veineur courbe
- Lisseur à pâte à sucre
- Ciseaux
- Roulette à découper
- Paille

I - Modelez un cône vert, plantez-le sur la pique à brochette et coupez aux ciseaux pointus en les tenant parallèles à la pente, tout en tournant régulièrement.

2 - Façonnez des petites boulettes rouges de tailles différentes, étalez la pâte blanche et coupez-y une étoile, collez le tout harmonieusement sur le sapin.

3 - Peignez le bout des branches du sapin avec le colorant blanc, et saupoudrez des paillettes sur l'ensemble, ainsi que sur l'étoile encollée.

1

2

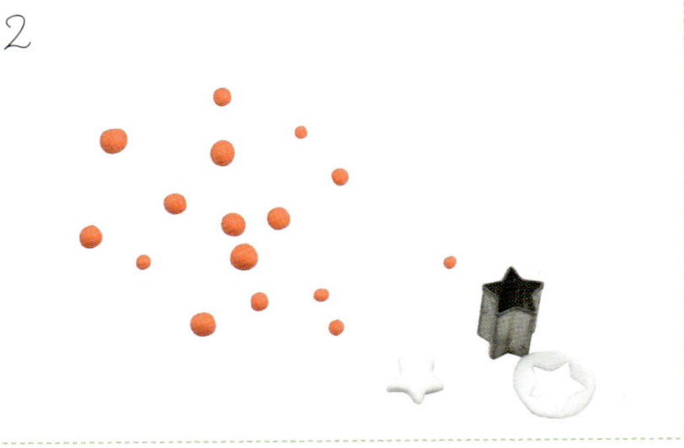

3

4 - Modelez une boule violette, puis façonnez-la en carré à l'aide de la lisseuse, en appuyant doucement sur chaque face (procédez en plusieurs fois, jusqu'à obtenir les angles et les côtés bien lisses).

5 - Étalez la pâte blanche finement, découpez des ronds avec la paille, et posez-les sur le cube. Repassez la lisseuse pour les intégrer parfaitement à la masse, sans relief.

6 - Étalez finement la pâte rose, coupez-y les morceaux du ruban comme illustré, placez sur le cube avec un peu de colle alimentaire, en commençant par le ruban qui l'entoure. Formez les coques du nœud, collez au sommet du paquet.

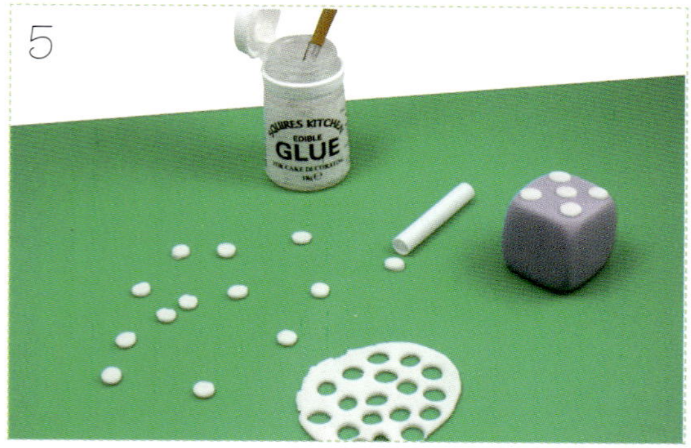

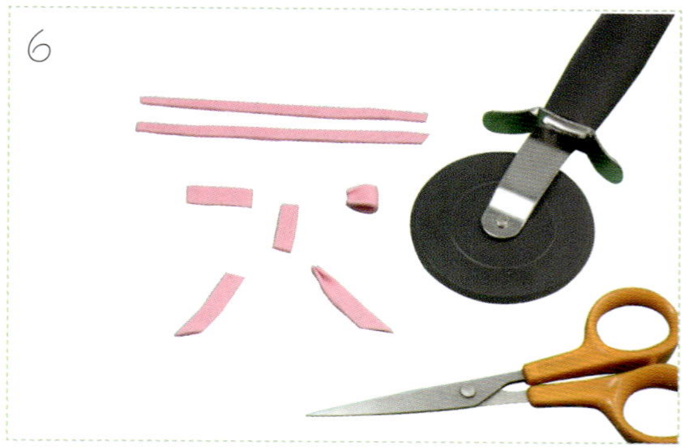

7 - Affinez les plis et nœuds du ruban avec l'outil courbe.

8 - Modelez le sucre d'orge en assemblant l'un contre l'autre deux boudins fins rouge et blanc, roulez ensemble sur la table pour redonner la forme cylindrique, tournez doucement chaque extrémité et recourbez un côté pour donner une forme de canne.

7

8

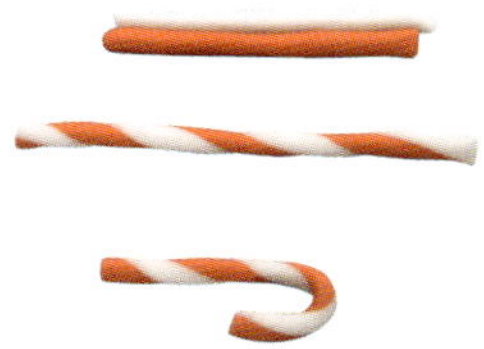

astuce

Les sucres d'orge peuvent décorer de simples cupcakes, ou le tour d'un gâteau blanc sur le thème des fêtes de fin d'année.

Le bonhomme de neige

Matériel et ingrédients

- Pâte à sucre mexicaine SK blanche, noire
- Colorant pâte SK rouge coquelicot, vert menthe, orange berbéris
- Colorant poudre SK rose
- Colle alimentaire SK
- Outil sphère petit modèle
- Outil sourire
- Rouleau antiadhésif
- Couteau
- Cure-dent
- Fibre de rembourrage
- Spaghetti

1 - Modelez un œuf à partir d'une boule de 4 cm pour le corps.
Modelez une boule de 2,5 cm pour la tête, tracez-y un sourire et creusez les yeux.
Modelez une carotte orange pour le nez.
Modelez 2 boudins blancs pour les bras.
Modelez 2 boulettes noires pour les yeux et 4 pastilles pour les boutons.

2 - Assemblez seulement les éléments de la tête et les boutons sur le corps.
Modelez deux poires et deux boulettes aplaties pour faire les moufles, recoupez pour former le pouce. Assemblez la main et le poignet avec de la colle.

3 - Modelez une boule verte de 1 cm, aplatissez-la, étalez et coupez deux bandes vertes, collez-y deux fines bandes rouges pour les rayures, hachurez une extrémité de chaque bande au couteau pour faire les franges, pincez l'autre bout.

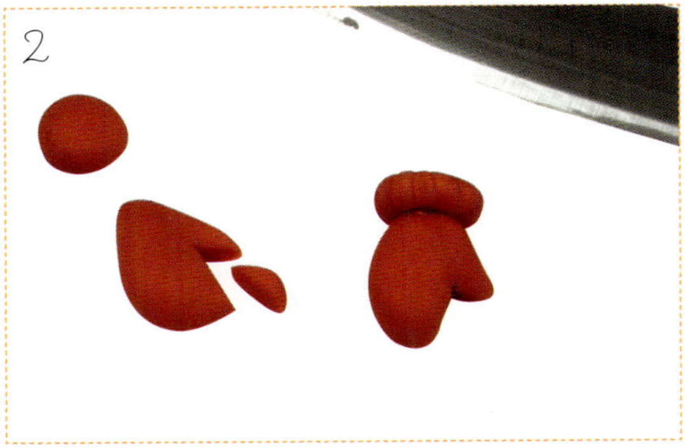

4 - Collez l'écharpe sur le corps du bonhomme, plantez le spaghetti et enfoncez la tête avec de la colle.
Collez les moufles au bout des bras, collez le tout sur le corps comme illustré. Soutenez avec de la fibre pendant le séchage.

Laissez durcir quelques heures le modelage.

5 - Modelez un cône rouge et un boudin blanc, creusez le cône en pinçant la base dans vos doigts jusqu'à l'ajuster à la largeur de la tête du bonhomme.

6 - Collez le bonnet et le boudin autour de la tête, griffez la fourrure avec le cure-dent. Ajoutez une boulette au bout du bonnet et griffez également. Rosissez les joues du bonhomme avec la poudre rose.

4

5

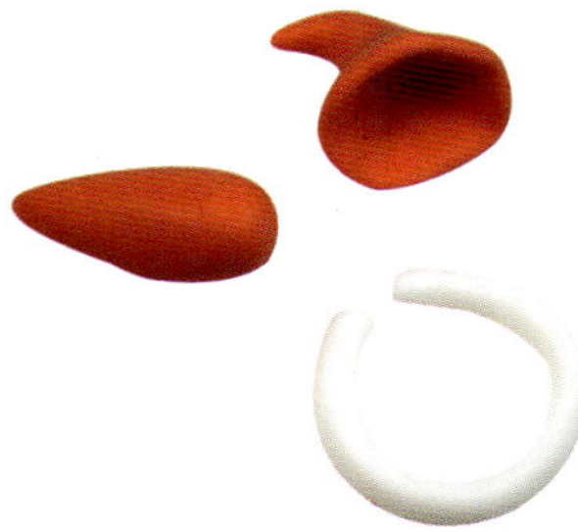

6

variante

Modelez un bonnet de laine à pompon avec un bord strié pour imiter les côtes tricotées, ou un haut de forme avec un nœud papillon avec un bonhomme de neige chic.

Le père Noël et sa hotte

Matériel et ingrédients

- Pâte à sucre mexicaine SK blanche, beige pâle (chair), noire
- Colorant pâte SK rouge noël (poinsettia)
- Colorant pâte SK quenouille (marron)
- Colorant poudre SK rose
- Colle alimentaire SK
- Outil sphère
- 2 perles en sucre marron
- Un mini biscuit moulé

1 - Modelez une boule chair, collez 3 boules pour le nez et les joues, creusez la bouche et collez-y une pastille rose. Modelez la barbe, les sourcils et les moustaches.

2 - Enfoncez les perles pour les yeux. Rosissez les joues à la poudre avant de coller la barbe, la moustache et les sourcils, tracez quelques stries sur la barbe pour lui donner du relief.

3 - Modelez un œuf rouge et deux boudins pour les bras, deux cylindres plus épais pour les jambes, et deux boudins noirs que vous replierez pour les bottes. N'assemblez pas tout de suite.

4 - Assemblez jambes et bottes, piquez-les sur un cure-dent, modelez un boudin blanc, entourez-en la jonction entre la botte et la jambe et griffez-le avec l'outil pointu courbe.

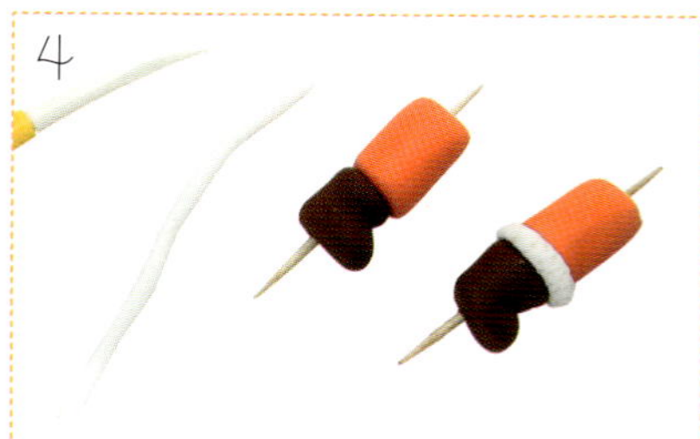

astuce

A défaut d'outil pointu spécifique, griffez la fourrure avec un cure-dent.

5 - Découpez la basque de la veste et la ceinture dans les pâtes marron et rouge, ainsi que la boucle. Modelez un boudin blanc pour le bord de la veste.

6 - Assemblez le père Noël, collez le bord devant de la veste, collez la basque, recoupez le surplus devant, collez la ceinture et la boucle.

7 - Modelez les mains à partir de poires couleur chair. Collez à l'intérieur des manches creusées.

8 - Entourez la base des manches d'un boudin blanc griffé, collez le biscuit dans la main, soutenez le bras levé. Modelez le bonnet (voir page 84).

9 - Modelez un cylindre marron pour le sac, aplatissez-le un peu et pincez les coins, creusez l'ouverture avec l'outil sphère. Entourez le haut d'un cordon.

conseil

Laissez durcir un peu votre modelage avant de coller le bonnet, pour ne pas risquer que la pâte s'affaisse sous son poids.

Le traîneau

Matériel et ingrédients

- Pâte à sucre mexicaine SK blanche
- Colorant pâte SK marron quenouille, rouge coquelicot, couleurs au choix pour les cadeaux
- Poudre Lustre SK argent
- Rouleau antiadhésif
- Couteau
- Colle alimentaire SK
- Moule silicone Nœuds
- Tampon étoile
- Cure-dent
- Ébauchoir cône dentelé

1 - Décalquez le gabarit du traîneau pour en faire un patron en papier.

2 - Étalez la pâte marron, découpez le gabarit deux fois, décorez le bord avec le cure-dent et le tampon comme illustré, **en miroir pour chaque côté du traîneau**. Laissez durcir complètement.

3 - Découpez deux bandes blanches un peu plus longues que le gabarit du traîneau à l'extrémité arrondie, relevez-les, collez 4 petits boudins à intervalle régulier sur chaque patin (photo). Passez le tout à la poudre lustre argentée.

4 - Coupez une bande de pâte marron de 5 cm de large, collez les bords contre les côtés du traîneau, laissez sécher à l'envers en glissant de la fibre de rembourrage pour éviter l'affaissement. Recoupez l'excédent.

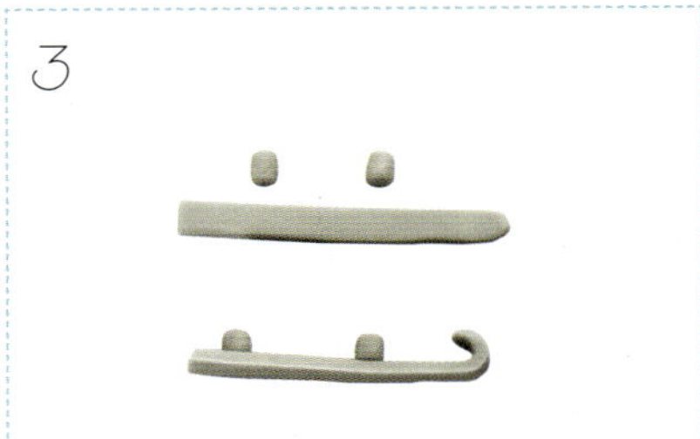

astuce

Creusez le polystyrène pour y introduire les côtés du traîneau avant de coller le fond, ainsi il ne bougera pas et vous serez plus à l'aise.

5 - Bordez les côtés du traîneau d'un boudin piqueté et enroulé aux extrémités, collez le traîneau sur les patins.

6 - Modelez des petits cadeaux (voir page 80), collez-y des nœuds moulés.

7 - Étalez la pâte rouge sur 5 mm, tracez des lignes croisées pour figurer le «matelassage», piquez chaque croisement de ligne avec l'ébauchoir dentelé.

8 - Placez la couverture à l'intérieur du traîneau (glissez des boudins de pâte entre le fond et la couverture pour faire comme s'il y avait une banquette). Disposez les cadeaux.

5

6

7

8

Le petit renne fatigué

Matériel et ingrédients

- Pâte à sucre mexicaine SK blanche, noire
- Colorant pâte SK marron quenouille
- Colorant liquide SK noir
- Poudre lustre SK or
- Chutes de pâte verte, rouge, beige, rose
- Colle alimentaire SK
- Outil sphère
- Emporte-pièce étoile 1 cm
- Emporte-pièce à piston fleur 1,5 cm
- Moule silicone nœud
- Couteau
- Spaghetti

1 - Modelez un œuf pour la tête, tracez la ligne sous le nez, collez une boulette rouge, enfoncez 2 boulettes noires pour les yeux, creusez la bouche, collez une poire rose pour la langue.

2 - Coupez une fleur blanche, divisez-la en 2, pincez le bord droit, retravaillez chaque pétale pour former les bois. Coupez 2 étoiles vertes et étirez les pointes, modelez 3 boules rouges.

3 - Modelez une poire pour le corps, collez une goutte aplatie beige sur le ventre, modelez 4 boudins pour les pattes, ajoutez 4 boulettes noires marquées au centre pour les sabots.

4 - Collez les bois et le houx, assemblez le corps en position assise, collez une pastille rouge pour le collier, plantez la tête sur un spaghetti. Ajoutez une cloche et un nœud rouge.

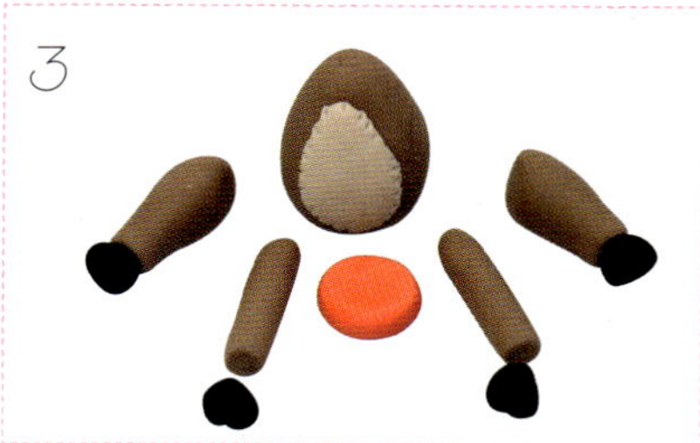

conseil

Percez l'emplacement des bois avant de les coller. Voyez comment faire la cloche à la page 20.

Lexique

Abaisser : étaler la pâte plus ou moins finement à l'aide d'un rouleau antiadhésif.

CMC: carbo méthyl cellulose, poudre issue de la cellulose des plantes, avec un fort pouvoir gélifiant.

Ébauchoir : nom donné aux outils de modelage servant à creuser, lisser, denteler, mettre en forme... Il en existe de multiples sortes, en bois, métal ou plastique.

Emporte-pièce : forme métallique servant à découper la pâte, existe aussi en plastique et à piston.

Empreintes : en plastique le plus souvent, permettent de placer toutes sortes de motifs sur la pâte. On peut leur substituer un bouchon de feutre étoilé, ou des perles originales collées sur des bâtonnets.

Festonner : appuyer sur le bord d'un volant avec un outil sphérique pour lui donner un aspect dentelé.

Lisseur : sorte d'outil ressemblant à ceux utilisés en maçonnerie, rectangle avec des bords arrondis, muni d'une poignée, il sert à aplanir les surfaces droites, notamment pour recouvrir un gâteau de pâte à sucre.

Moule silicone : utiliser de préférence des moules destinés au contact alimentaire, ils permettent de former des petites décorations qui viendront embellir vos modelages.

Papier cuisson : aussi appelé papier sulfurisé ou siliconé, il permet de poser le modelage sans que celui-ci attache au plan de travail, et ainsi de pouvoir le déplacer aisément.

Plaque antiadhésive : matériel spécifique pour travailler la pâte à sucre, cette plaque épaisse généralement de couleur verte est parfaite pour étaler la pâte, celle-ci n'y adhérant absolument pas.

Presse-ail : peut remplacer la seringue extrudeuse pour faire les poils, les cheveux, l'herbe...

RKT (Rice Krispy Treat) : mélange de riz soufflé, beurre et marshmallow, qui peut être moulé et taillé une fois durci. Il permet de faire des armatures comestibles qu'on recouvrira de pâte sucre.

Seringue extrudeuse : en métal ou en plastique, cette seringue sert à former des cordons de pâte de forme originale, pratique pour créer de jolies bordures, des cheveux.

Le carnet d'adresses

Sites de l'auteur

http://natasel.over-blog.com
http://gatorigolo.canalblog.com
http://stagedemodelage.canalblog.com

Sites de fournitures

Toutes les fournitures utilisées pour cet ouvrage sont disponibles ici :
http://www.squires-shop.fr
téléphone : 01 82 88 01 66 ou +44 1252 260 260
adresse e-mail : clientele@squires-shop.fr

Autres adresses

http://www.artgato.com/index.php
http://www.cerfdellier.com
http://halwatishop.com
http://www.original-store.com
http://www.thecakeshop.fr
http://placedesloisirs.com

Les « Cake designers » français, professionnels ou amateurs

http://arquencielle.canalblog.com
http://lesfleursensucre.canalblog.com
http://www.lacuisinedelaury.fr
http://www.wix.com/cookingsteph/home
http://www.sosweetcake.wordpress.com
http://www.lalettregourmande.com
http://www.funnycake.fr
http://iaorana60.canalblog.com
http://www.maboiteagateau.com
http://www.lesgourmandisesdeb.over-blog.com
http://sugarbirdevents.blogspot.com
http://mamanlesptitsgateaux.over-blog.com
http://gatorigolo.canalblog.com
http://www.dessinemoiungateau.com
http://decorationgateau.canalblog.com
http://www.cakeetcupcake.com
http://gateaudefete.canalblog.com
http://www.les-cupcakes-emilie.fr
https://www.facebook.com/pages/A-SweetWorld-cookie-designer
http://www.terroirdalsace.com
http://www.thecakeshop.fr
http://briochine-cakedesign.blogspot.com

http://www.oliviascupcakes.org
http://decorationgateau.canalblog.com
www.ladecodesgateauxdesab.com
http://mesgateauxrigolos.over-blog.com
http://sodeliciouscake.canalblog.com
http://recettesenfolie.canalblog.com
http://ohmongato.canalblog.com
www.gateaucakestrasbourg.webpin.com
http://lamiaudeatable.wifeo.com
www.feedesgateaux.canalblog.com
http://gateauxbrasil.blogspot.com
www.angelscakedesign.over-blog.fr
www.littlelouis-homebakery.com
http://gourmandiz.hautetfort.com
http://maryscakes.xooit.fr
http://ilhamfeedesmerveilles.over-blog.com
www.croketcookie.com
www.merveillesetgourmandises.com
http://www.cestmamanquilafait.com
http://cake-des-lys.over-blog.com
www.lapetitetartine.canalblog.com
www.designandcakes.fr
www.facebook.com/pages/Cakes-Cookies-by-Maman-Colargol
http://www.facebook.com/laetigateaux

Une association française pour promouvoir le cake design

http://www.cakedesignersdefrance.com

Les « pointures » du modelage en pâte à sucre étrangers

http://www.maisieparrish.com
http://www.debbiebrownscakes.co.uk
http://www.franklysweet.co.uk
http://www.toonicetoslice.co.uk/designer.htm

Remerciements

Je remercie mon mari et mes filles, qui à force s'habituent mais font toujours preuve de beaucoup de patience quand je termine un livre,

la société Squires Kitchen pour la fourniture du matériel ayant servi à la réalisation des modelages de ce livre,
Jessica Barboza et ses collaborateurs pour leur confiance,

Emmanuelle qui répond toujours présente quand j'en ai besoin, et Céline, qui opère dans l'ombre sans qui ce livre ne verrait pas le jour,
mes amies et partenaires de l'association Cake Designer de France,

« Mémé » Hélène pour son humour et son efficacité, elle se reconnaîtra !

Les visiteurs de mon blog et de ma page Facebook, toujours plus nombreux,
et enfin je vous remercie vous, qui venez d'acquérir ce livre, j'espère vous emmener dans mon univers sucré et vous faire rêver le temps d'un gâteau...

Imprimé en U.E.

Dépôt légal avril 2012